UNE VISITE

au

MUSÉE PATRIOTIQUE

DE JEANNE D'ARC

A PARIS, EN 1889

MUSÉE PATRIOTIQUE DE JEANNE D'ARC

UNE VISITE

AU

MUSÉE PATRIOTIQUE

DE JEANNE D'ARC

A PARIS, EN 1889

———

CAUSERIE FAITE A LA SÉANCE PUBLIQUE DE LA SOCIÉTÉ D'AGRICULTURE,
COMMERCE, SCIENCES ET ARTS DU DÉPARTEMENT DE LA MARNE,
LE 21 AOUT 1889, A CHALONS-SUR-MARNE

———

CHALONS-SUR-MARNE

IMPRIMERIE MARTIN FRÈRES, PLACE DU MARCHÉ-AU-BLÉ, 50.

—

1890

UNE VISITE

AU

MUSÉE PATRIOTIQUE

DE JEANNE D'ARC

A PARIS

'est un fait digne d'attention combien le nom de Jeanne d'Arc est aujourd'hui sur toutes les lèvres, comme dans tous les cœurs !

Après quatre cents ans, elle est l'objet d'une vénération profonde, sinon d'un véritable culte. Que dis-je ? L'époque n'est peut-être pas éloignée où ce culte sera rendu public. On sait en effet avec quelle pieuse ardeur l'Episcopat français poursuit la béatification de notre grande héroïne.

J'en citerai comme preuve l'éminent prélat qui occupe actuellement le siège métropolitain de Reims et dont Reims s'honore.

N'est-ce pas à lui qu'il faut attribuer l'idée d'une statue équestre de Jeanne d'Arc sur le parvis de la cathédrale, à lui et à l'Académie, notre sœur voisine, dont il est le président d'honneur ?

Cette œuvre, tout à la gloire de la Champagne et je dirai de la France entière, est sur le point d'aboutir. Il y a même lieu de croire que l'année 1890 en verra l'inauguration.

Quelques-uns d'entre nous ont déjà pu voir au dernier salon la statue de Jeanne, telle que l'a conçue le célèbre sculpteur Paul Dubois, celle même qui doit être coulée en bronze et érigée au centre de l'imposant parvis de l'Eglise métropolitaine.

Ah ! je vois déjà le radieux pèlerinage accompli par la foule venue de tous les points de la Champagne ; j'entends déjà ses vivats enthousiastes.

C'est ainsi que le peuple, ce peuple dont elle sortait, se précipita sur le passage de Jeanne, lors de son entrée triomphale à Reims.

Si les âmes ont tressailli à cette époque, elles tressailliront également à la réapparition de cette grande figure, à laquelle le sentiment populaire pourra donner un nom, celui d'*Ange de la Frontière.*

Mais je m'éloigne peut-être un peu du but de ma causerie, qui est de vous entretenir plus particulièrement de ma visite au Musée de Jeanne d'Arc, à Paris.

**

Le fondateur de ce musée, M. Gédéon (Marc), que j'ai l'honneur de connaître, a été certainement bien inspiré en choisissant le moment de l'Exposition, pour mener à bien une si française entreprise.

Les nombreux étrangers venus pour admirer tant de merveilleux chefs-d'œuvre, peuvent ainsi constater que nous n'avons renié aucune de nos gloires passées et que le patriotisme n'a pas baissé chez nous, témoin ce souvenir accordé de tous les côtés à Jeanne, Jeanne la personnification la plus pure et la plus sublime de ce patriotisme lui-même.

Vous entretenir de ce que je suis allé voir, ce sera vous parler de Jeanne, vous la restituer d'une façon tangible, tant sont vivants mes souvenirs et vivantes ces scènes qui retracent l'épopée du 15e siècle.

**

Les enseignements de l'histoire par les yeux sont, à notre époque, une des formes de l'instruction publique ; ils viennent bien à cette heure d'attente où le patriotisme français peut avoir à faire appel à toutes ses forces et à toute son énergie.

Le livre, c'est bien ; mais, pour nos jeunes générations surtout, l'image doit faire mieux encore et graver davantage les choses et dans l'esprit et dans la mémoire.

Telle est l'œuvre du Musée.

Les monuments archéologiques où Jeanne a laissé en quelque sorte son empreinte, sont scrupuleusement reproduits en des constructions légères et occupent une superficie de terrain de 2,500 mètres, 15, Avenue Bosquet, où le Musée est établi. Au milieu même de ces monuments, se trouve un panorama dont les tableaux saisissants sont dus à d'excellents artistes qui n'ont pas hésité à se rendre esclaves de l'exactitude historique ; mais en lui communiquant en retour une vie pleine de grandeur et de souffle.

Ces tableaux comportent huit divisions :

La première, c'est Jeanne écoutant ses voix.

La seconde, la présentation de Jeanne au roi à Chinon.

La troisième, la délivrance d'Orléans.

La quatrième, la bataille de Patay.

La cinquième, le Sacre de Charles VII à Reims.

La sixième, Jeanne blessée devant Paris.

La septième, Jeanne faite prisonnière à Compiègne.

La huitième, le bûcher, sur la Place du Vieux-Marché à Rouen.

C'est avec recueillement et émotion que l'on considère, placée en façade sur l'avenue Bosquet, la porte des Tournelles, par laquelle entrait avec Jeanne le salut d'Orléans.

Rien de banal dans ces restitutions qui vous surprennent et vous reportent à cette époque lointaine. Cette entrée monumentale des Tournelles, par exemple, vous la voyez avec son accompagnement de fossés remplis d'eau, ses ponts-levis, ses bastions, en un mot tout l'aspect des fortifications du temps.

On franchit cette porte et l'on retrouve, entourée de son jardin, l'humble maison de Domremy où est née la Pucelle. On l'y revoit en pensée et l'on est saisi d'une profonde vénération.

Puis c'est l'élégant cloître de Compiègne, dans les galeries duquel sont ménagées des salles d'exposition de tableaux, tapisseries, livres, estampes, statuettes, relatifs à la mission de l'illustre héroïne et à elle-même.

C'est enfin la tour du château de Rouen et le cachot où l'on voit la noble martyre chargée de chaînes.

.

Ainsi que je l'ai dit plus haut, c'est entre ces divers édifices qu'est placé le panorama.

Les huit tableaux qu'il comprend nous font revivre ensemble ce merveilleux cycle où se meut Jeanne d'Arc. Les artistes les ont peints avec une sorte d'inspiration, tant ils y ont apporté l'illusion de la réalité.

Toute l'œuvre a été exécutée sous la direction de Pierre Carrier-Belleuse, un artiste de grande valeur.

Nous savons dans quel état lamentable était la France, lorsque se révéla la surnaturelle mission de Jeanne : la France livrée à l'Anglais par la criminelle Isabeau de Bavière, durant la minorité de son fils Charles VII ; ce dernier qui n'était plus que l'ombre d'un roi.

Orléans était le dernier boulevard de cette royauté mourante.

C'est à ce moment qu'apparaît un miraculeux sauveur, le plus inattendu, une jeune fille, presque une enfant, une paysanne à qui l'on ne pouvait supposer la moindre connaissance des choses de la politique et de la guerre.

Elle devait pourtant se faire accepter d'un roi sceptique, plein d'hésitation, sinon hostile ; soulever l'enthousiasme de rudes capitaines comme la Hire et Xaintrailles ; convaincre des théologiens réfractaires à ses vues surnaturelles ; insuffler dans les âmes ce courant patriotique qui l'enflammait ; réussir là où n'apparaissaient que l'impossible et l'insurmontable. Comment expliquer de tels faits, sinon par le surhumain et conséquemment par le divin ?

Cette odyssée, on la parcourt haletant, on la touche du doigt pour ainsi dire, du haut de la plate-forme du panorama.

Voici Jeanne d'Arc écoutant ses voix à Domremy.

Oh ! la belle et impressionnante chose !

C'est dans un de ces moments de vision que nous l'apercevons. Son attitude est inspirée, elle écoute vraiment ses voix ; et qu'elle est idéale ainsi ! Comme ces formes vagues et vaporeuses du saint et des saintes dans la feuillée des arbres sont bien rendues ! Il est impossible de ne pas être remué par ce beau tableau.

Jeanne, d'abord effrayée et doutant d'elle-même, se laisse convaincre, sa foi, ses voix célestes feront le reste, elle se sent désormais forte et courageuse.

Et le panorama déroule ses merveilleuses scènes : Jeanne reçue par Charles VII, qu'elle convainc de sa mission ; Orléans délivré ; les Anglais vaincus à Patay, scènes qui sont dans la mémoire de tous.

Je ne m'y arrête un instant que pour dire un mot d'un livre récent dû à un savant officier d'artillerie, qui a étudié la vie militaire de Jeanne, et qui, s'appuyant sur les principes de l'art de la guerre, n'hésite pas à placer notre héroïne au rang des grands capitaines.

Par le détail des vingt batailles ou sièges dirigés par la Pucelle, M. le capitaine Marin fait ressortir l'identité des procédés qu'elle mit en œuvre avec les méthodes qui constituent le fonds commun aux généraux illustres, depuis César jusqu'à Napoléon. Le livre dont nous venons de parler nous apprend que Jeanne d'Arc est, de tous les chefs militaires du XVᵉ siècle, celui qui sut tirer le plus grand parti de l'artillerie et qu'elle fut un ingénieur éminent. C'est là un côté original de cette grande physionomie.

Le 28 juin 1429, Charles VII et Jeanne d'Arc quittaient Gien avec une armée de 12,000 hommes et se dirigeaient sur Reims où ils arrivèrent, en passant par Troyes et Châlons, le 16 juillet suivant. Ils furent reçus par la population avec un enthousiasme indescriptible et le lendemain avait lieu la cérémonie du Sacre.

Rendons-nous maintenant à la cathédrale où Jeanne a pris place près de l'autel, ayant son étendard à la main, ce noble étendard dont elle disait : « *Il a été à la peine, il est bien juste qu'il soit à l'honneur.* »

Jeanne, aussitôt la cérémonie du sacre achevée, alla se jeter aux pieds du roi et, pleurant à chaudes larmes, lui dit : « *Gentil roi, ores est exécuté le plaisir de Dieu, vous êtes vray roy, et celui auquel le royaulme de France doit appartenir.* »

Et moi, fils de la Champagne, je revoyais cette magnifique scène qu'ont si bien rendue les artistes peintres.

Mais viennent bientôt les premières stations du Calvaire de la pauvre enfant, qui avait cru sa mission terminée à Reims.

La dernière station, la plus déchirante, la plus terrible, fut celle de Rouen.

Que d'humiliations ! Que de souffrances morales Jeanne dut endurer pendant sa captivité et son interminable procès ! Mais cela ne suffisait pas aux Anglais qui tenaient à se venger d'elle et avaient allumé des feux de joie, quand ils la firent prisonnière à Compiègne. Ils comptaient effacer la trace de leurs défaites. Ils se trompaient, car le martyre de la Pucelle ne fit que raviver le sentiment national, qui s'accrut de ce sacrifice lui-même ; le peuple n'oublia pas que Jeanne n'avait recherché que la résurrection et la liberté de sa patrie.

Tels sont, en effet, les sentiments qui percent sur les visages de cette foule indignée et frémissante, tandis que les flammes du bûcher montent de plus en plus dévorantes vers le corps de la noble jeune fille. Aussi, quand se fut consommé cet horrible forfait, juges et bourreaux eux-mêmes en furent terrifiés, au point que l'un d'eux s'écria : « Nous sommes tous perdus, nous venons de faire mourir une sainte. »

* *

Que dirai-je encore ? Tout en allant visiter notre admirable Exposition, dont le musée est voisin, après avoir fait fête au présent, il sera bien d'accorder un souvenir au passé. Cette restitution vaut d'ailleurs largement votre visite. A ce spectacle votre foi dans l'avenir se fortifiera, d'autant plus que vous éprouverez une impression d'orgueil légitime en constatant ce dont la France a été capable et quelle belle réponse elle vient de faire à ceux qui osaient la représenter en décadence et la traiter de peuple fini.

Armand BOURGEOIS,

Membre de la Société des Gens de Lettres,
Président de l'Académie champenoise,
Membre titulaire non résidant de la Société d'Agriculture,
Commerce, Sciences et Arts du département de la Marne,
Membre correspondant de l'Académie nationale de Reims.

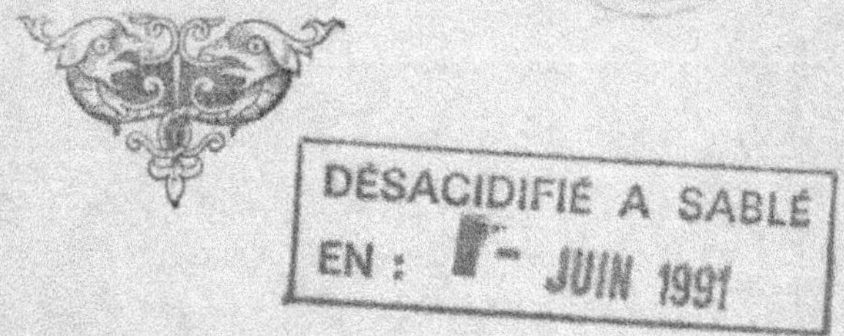

Châlons, imp. MARTIN frères.